अनकहे लफ़्ज़

कुछ बातें अनकही सी

Shivani Sen

BookLeaf Publishing

India | USA | UK

Made with ❤ on the BookLeaf Publishing Platform
www.bookleafpub.in
www.bookleafpub.com

Dedication

To my father, from whom I inherited the art
of weaving words into emotions,

To my mother, whose love and support
shaped me,

And to my sisters, who have been my
unwavering companions, filling my life with
love, laughter, and inspiration.

This book is dedicated to your blessings.

Acknowledgement

I sincerely express my gratitude to my family, whose unwavering support has been my greatest strength. Thank you to all who believed in my writing—your encouragement gave me the courage to share my words with the world.

I am also grateful for the difficult moments that have passed, for they taught me resilience and determination. Whenever words failed me, my pen became my refuge—transforming sorrow into stories and silence into expression.

This book is a testament to those very moments—a reflection of every part of my journey that has shaped me as a writer.

Preface

Whenever a thought remains unspoken, my pen becomes my refuge. Writing has always given voice to my silence, shaped emotions into words, and preserved moments that often fade into quietude.

This book is a collection of those unspoken feelings—too deep to be expressed, yet too powerful to remain unsaid.

I hope these words find a place in your heart, just as they do in mine.

याद है तुम्हें?

याद है तुमको जब हम आखिरी बार मिले थे
याद है तुमको जब हम अपनी उस आखिरी
मुलाकात से बेखबर थे
याद है तुमको जब हमारी आखिरी मुलाकात थी
तो आखिरी शब्द क्या थे?

याद है तुमको जब हमारी आखिरी बात हुई थी
तुम्हारे आँखों में बिछड़ने का डर था याद है तुमको
जब हमारी आखिरी बार बात उन डर भरे आखों से
हुई थी तो क्या कहा था तुमने?

कैसे याद होगा तुम्हे
तुम तो जीवन यात्रा को पूरा करके हमे ज़िन्दगी
के मझधार में अकेले छोड़ गए थे
कैसी याद होगा तुम्हे।

क्यों

जिसके लिए न्योछावर थी ज़िन्दगी हमारी
आज वो हमसे रूठा क्यों है?

जिसके लिए थी सांसें हमारी
आज वो हमसे से बेगाना क्यों है?

अब ना है वो सिलसिला
ना ही है पास हमारे
जिसके लिए थी मुस्कान हमारी
आज वो हमसे दूर क्यों है?

काश जी लेते वो पल जब थे वो पास हमारे
जिसके लिए चलती थी सांसें हमारी
आज वो ही हमसे अंजना क्यों है

कुबूल

कुबूल कर लो
की यह ज़ख्म तुम्हारे दिए हुए है

कुबूल कर लो
की इन ज़ख्मो के लिए मरहम तुम्हारे पास नहीं है

कुबूल कर लो
की रास्ते में तनहा छोड़ना तुम्हारी फितरत है

कुबूल कर लो
की मंज़िल के आने से पहले अनचाहे मोड़ ले लेना
तुम्हारी आदत है

कुबूल कर लो

आजकल

आजकल आईना भी झूठ बोलने लगा है
मेरी मुस्कराहट को सच समझ बैठा है

आजकल आईना भी झूठ बोलने लगा है
मेरी पलकों से छलके है आंसू उनको भी आखों की
धूल समझ बैठा है

आजकल आईना भी झूठ बोलने लगा है
गुरुर था जो खुद के चेहरे पर उसे भी घमंड दिखने
लगा है

आजकल आईना भी झूठ बोलने लगा है
चेहरे पर इन झुरइयों को उम्र का नक़ाब देने लगा
है

आजकल आईना भी झूठ बोलने लगा है
रात भर जागते रहने को चांदनी का आवारापन
कहता है

आजकल आईना भी झूठ बोलने लगा है।

आईना देख कर

आईना देख कर भी न समझी वो...
की तजुर्बे की झुरियां लगती है उस नूर से चेहरे
पर..

आईना देख कर भी न समझी वो...
की कब किसी के सीरत को खूबसूरती से नवाज़ा है
इस ज़माने ने...

आईना देख कर भी न समझी वो...
की किसी को न से तवज्जू इतनी के तेरे किरदार को
बदनाम कर जाए...

आईना देख कर भी न समझी वो...
की जैसे भी है काफी है...

बड़ी ना समझ थी वो..
आईना देख कर भी ना समझ पाई वो।

वो दौर

चिट्ठियों का दौर ही अच्छा था..
उनके जवाब के राह में कुछ दिन तो बीत जाते थे..

इस दौर के संदेशों का भरोसा नहीं..
इनको देख कर भी अनदेखा कर देते है लोग..

तार से जुड़े हुए टेलीफोन का दौर ही अच्छा था..
उनके याद करने के इंतजार में कुछ लम्हे तो बीत
जाते थे..

इस दौर के फोन का कुछ एतबार ही नहीं
किसी का नाम देख कर भी अनदेखा कर देते है
लोग..

पहले की सहजता और सब्र का दौर ही सुहाना था..
आजकल के बेसब्री और जल्दबाजी में इंसानियत
से दूर होते जा रहे है लोग।

चांद

उस चांद के साथ रिश्ता कुछ अलग सा है
अपना सा लगता है तन्हाई में वो
बेगाना सा लगता है भीड़ में वो

उस चांद के साथ रिश्ता कुछ अलग सा है
सूरज की रोशनी में ढूंढते है उसको
जैसे किसी अपने को ढूंढता हो कोई महफ़िल में

उस चांद के साथ रिश्ता कुछ अलग सा है
शाम ढलते ही जिसके इंतज़ार में बैठे रहते हैं हम
जिसकी चांदनी में उसके अक्स का इंतजार करते
है हम

उस चांद के साथ रिश्ता कुछ अलग सा है।

अलविदा

जीन हाथों ने बड़ा किया मुझे
आज वही करेंगी रुक्सत हमें

ना जाने कब आएंगे वो जज़्बात उनमें
ना जाने कब होंगे यह आँसूं कम

कोई ना समझा मेरे इस दर्द को
ना ही कोई समझ पायेगा

अब जब चली हूँ इस दुनिया से
तब क्यों है सब की आँखें नम

जिस पत्थर पर था विश्वास मेरा उसी से जाकर पू
छूँगी अब
की क्यों बनाया तूने इंसान जब हैवानियत का ज़
हर पीना था उसने

आज मांगती हूँ इन्साफ अपने इस क़ुरबानी का
खाली ना जाने देना मेरा यह बलिदान

ना करना अलविदा मुझे
जीने देना मुझे अपनी इन् यादों में

तेरी याद में

वक़्त का कोई कोना तो ऐसा हो
जिससे हम तुम्हारी यादों से बेखबर रह सके

दिल का कोई एहसास तो ऐसा हो
जिससे हम तुम्हारी कमी से अनजान रख सके

तसव्वुर का कोई पल तो ऐसा हो
जिसमे हम तुम्हारी परछाई को मेहफ़ूज़ कर सके

ज़िन्दगी का कोई एक लम्हा तो ऐसा हो
जिसमे हम तुम्हे अपने पास रोक सके।

तुम

ज़र्रा ज़र्रा महकता था तेरी एक झंकार से
सदियाँ बीत गई अब तो तेरे एक दीदार से

रात की चांदनी भी छीन गई है उन हसीन तारों से
की सूरज भी छिप जाता है उन बादलो के साये में

कभी तो दिखते हो तुम हमारी उस तसवउर में
कभी तो गूंजती है तुम्हारी मुस्कान हमारी उन
कानों में

भरी उदासी में तेरा चेहरा देता हमको एक सुकून
अपने उस आशियाने में
तभी तो छलक रहा है जाम हमारे उस पैमाने से

कुछ तो है

कुछ दिन लगते है अपने से
कुछ दिन लगते है बेगाने से

कुछ पल देते है खुशियां
कुछ पल देते है ग़म की दुनिया

कुछ एहसास लगे अपना सा
कुछ एहसास लगे अंजना सा

कुछ तो है मन का
कुछ तो है बेम्नन का

कुछ तो है जो ना जाने यह कम्भख्त दिल
कुछ तो है जो ना जाने यह मासूम आँखें

कुछ तो है।

अधूरी कहानी

आसमान को देख कर जैसे चिड़िया चहक जाती
है
और करती है तमन्ना की हो एक आशियाना ऐसा
भी

उसी तरह तुम्हे देख कर खिलखिला उठते है हम
और करते है तमन्ना की हो एक अधूरी कहानी
हमारी भी।

खोने के ग़म में

आज तुम भी चुप हो हम भी चुप है
थमी हुई है यह दुनिया सारी

खोने के ग़म में यूँ चल पड़े है उन् राहों पर
की छूट गयी है दुनिया सारी

उनके इंतज़ार में काटते है यह पल
याद आती है हर पल तुम्हारी

दिल है बेचैन यह जान कर की लौटोगे नहीं अब तुम
फिर भी थामे हुए है यह डोर उम्मीद में तुम्हारी।

वो कहते गए

वो कहते गए की प्यार है नाम नादानी का
हमने कहा नादानी ही सही पर सुरूर है यह
दीवानो का

वो कहते गए ना कर यह दुनिया अपनी किसी
अनजाने के लिए
हमने कहा नाम ही सही पर यह सांसें है सिर्फ
उसकी के लिए

वो कहते गए की मत कर याद उस बेगाने को
हमने कहा बेगाना ही सही पर प्यार है वो हमारे
अरमानो का

वो कहते गए की कब तक तस्सली देगी तू उसको
अपने तस्सवुर में देख कर
हमने कहा की तस्सवुर ही सही पर साथी है ये मेरे
अफसानों का

राह

उनकी राहों से जुड़ेगी रहे अपनी
बस इसी इंतज़ार में हम चलते चले गए

राह में आए जाने कितने कांटें
उनको हम हस्ते हस्ते सहते चले गए

ज़िन्दगी ने मोड़ लिया ऐसा की उनकी राहें ख़फ़ा
हो गयी
विश्वास था अपनी मोहब्बत पर इसीलिए उन
बदली रहो पर चलते चले गए

थम गयी राहें हमारी उस बदले राह पर
ख़ुदा से की इल्तिजा तो मिला जवाब की जनम में
मुमकिन नहीं

तो दूसरी जनम की आस में, की फिर मिलेंगे हम
हम उस ख़ुदा का हाथ थामे चलते चले गए

एक आसूं रात भर

एक आसूं रात भर जगाता रहा
हर उन पलों को दिखाता रहा
जो थे न अपने उनकी बातों को याद दिलाता रहा

एक आसूं रात भर याद जगाता रहा
जब थे हम साथ तो जिंदगी के उन पलों का
एहसास दिलाता रहा
दिल में जो था सूनापन उसको दोहराता रहा

एक आसूं रात भर

तुमको अगर जाना ही था

तुमको अगर जाना ही था तो..
दिल के दरवाज़े पर दस्तक ही क्यों दी?

तुमको अगर जाना ही था तो..
जाते वक्त मुस्कुरा कर हमसे नज़र मिलाई ही
क्यों?

तुमको अगर जाना ही था तो..
यूं बिन बताए ही क्यों चले गए?

तुमको अगर जाना ही था तो..

मुझे भी साथ लेकर जाते...
इतजार करने का हौसला भी दे जाते...
आसूं कैसे रुकेंगे उसकी सीख भी देकर जाते..
ज़िंदगी की तालीम देकर जाते...
कुछ और देर और रुक जाते...

तुमको अगर जाना ही था तो।

ऐ ज़िन्दगी

ज़िंदगी तेरा तरीका देख कर दिल की उमंगे जागती जा रही है...

उन उमंगों की लहरों पर उम्मीद की कश्ती लहरा रही है...

कश्ती में सवार उन चहातो को उनकी मंज़िल मिलती जा रही है...

मंज़िल में रह रहे उन यादों को फिर जीते जा रहे है...

ए ज़िंदगी तेरा तरीका देख कर हम फिर से जीते जा रहे है।

मान लोगे तुम?

कह दूं तुम्हें की तुम ख्वाब हो मेरे...
तो क्या मान लोगे तुम?

कह दूं तुम्हें की तुम सुबह का पहला खयाल हो...
तो क्या मान लोगे तुम?

कह दूं तुम्हें की तुम दिन की पहली मुस्कान हो...
तो क्या मान लोगे तुम?

कह दूं तुम्हें की तुम्हारे एक इकरार पर सारी
दुनिया भूल जाएंगे हम...
तो क्या मान लोगे तुम?

और जो तुम मान लोगे...
तो क्या सदा के लिए मेरे हो जाओगे तुम?

ज़िंदगी कहां है तू

ज़िंदगी कहां है तू
बीन बताए जाने कहां चली गई तू
बीन बताए छीने है जो तूने सपने जाने कहां चले
गए वो
बीन बताए रूठे है जो अपने जाने क्यों चले गए वो
ए ज़िंदगी बता कहां है तू।

तुम भी तो यही चाहते थे

तुम भी तो यही चाहते थे
की हम बिछड़ जाए
तो फिर क्यों यह दुखी होने का अभिनय करते हो
तुम भी तो यही चाहते थे

तुम भी तो यही चाहते थे
की हम बातें बंद कर दे
तो फिर क्यों घड़ी घड़ी बातों के बिना मायूस होते
हो
तुम भी तो यही चाहते थे

तुम भी तो यही चाहते थे
की हमारे रास्ते अलग हो जाए
तो फिर क्यों यह हर रास्ते की मंजिल पूछते हो
तुम भी तो यही चाहते थे

तुम भी तो यही चाहते थे
की हम अनजानों की तरह रहे
तो फिर क्यों मुझसे यूं मुस्कुराहट की उम्मीद
करते हो
तुम भी तो यही चाहते थे।

देखा है

मैंने लोगों को दूर जाते देखा है
रिश्तों से मुँह मोड़ते हुए देखा है

जो करते थे दावा साथ निभाने का
उन्हें किसी और का होते हुए देखा है

मैंने लोगों को दूर जाते देखा है

जो करते थे मोहब्बत दिन रात हम से
उन्हें भी देगा देते हुए देखा है

मैंने लोगों को दूर जाते देखा है

ज़रूरी तो नहीं

उड़ने की चाह में पंखों का होना ज़रूरी तो नहीं

मुकम्मल होने की चाह में लकीरों का होना ज़रूरी तो
नहीं

ज़िन्दगी को खुशनुमा बनाने की चाह में इंसान का
अमीर होना तो ज़रूरी नहीं

लहरों का साहिल से मिलने के चाह में तूफ़ान का होना
ज़रूरी तो नहीं।

माँ

जिसके आँचल को पकड़ कर चलना है सीखा
जिसके ममता के छाव में बढ़ना है सीखा

ऐसी होती है माँ

जो हमारी एक पुकार में दौड़ी चली आती है
जो हमारे आसूं को रोकने के लिए सारे दर्द सहन कर
जाती है

ऐसी होती है माँ

जो निस्वार्थ भावना से पालन करती है
जो अपने बच्चे के लिए दुनिया भर से लड़ जाती है

ऐसी होती है माँ।

जाने ?

हर ज़ख्म का दर्द है
जाने कितने दर्द छुपाए रखें है इस दिल के ख़ज़ाने
में

हर दर्द का लम्हा है
जाने कितने लम्हे चुराए रखें है अपने सीने में

हर लम्हे में दिल टुटा है
जाने कितने ही टुकड़े दफ़न करके रखे है एक
अधूरी सी कहानी में।

कैसे बताये तुझे।

तेरी एक झलक देख कर यूँ ही मुस्कुरा देते है

कैसे बताये तुझे इस कश्मकश में दिन रात एक
किये बैठे है

नींद नहीं है इन आँखों में

रात को तेरे यादों के नाम कर बैठे है

दुनिया हमें पागल और हम तुझे अपनी ज़िन्दगी
बना बैठे है

कैसे बताये तुझे।

और फिर बरसात हुई

और फिर बरसात हुई

काली घटा छायी और
उनकी यादों से फिर तन्हाई दूर हुई

और फिर बरसात हुई

बादल गरजे और
उनके एक पल के एहसास से वो रात फिर अपनी
सी हुई

और फिर बरसात हुई

छलक रही थी बूंदें और
फिर यह आंखें नाम हुई

और फिर बरसात हुई।